Immerwährender Geburtstagskalender

Impressum:
© 2016 Ulrike Schwarz
Herstellung und Verlag: BoD – Books on Demand, Norderstedt
ISBN: 978-3-74129-865-3

Januar

1. ……………………………………………………………
…………………………………………………………
…………………………………………………………

2. ……………………………………………………………
…………………………………………………………
…………………………………………………………

3. ……………………………………………………………
…………………………………………………………
…………………………………………………………

4. ……………………………………………………………
…………………………………………………………
…………………………………………………………

5. ……………………………………………………………
…………………………………………………………
…………………………………………………………

6. ……………………………………………………………
…………………………………………………………
…………………………………………………………

7. ....
....
....

8. ....
....
....

9. ....
....
....

10. ....
....
....

11. ....
....
....

12. ....
....
....

13. ....
....
....

14……………………………………………………
…………………………………………………………
…………………………………………………………

15……………………………………………………
…………………………………………………………
…………………………………………………………

16……………………………………………………
…………………………………………………………
…………………………………………………………..

17……………………………………………………
…………………………………………………………
…………………………………………………………..

18……………………………………………………
…………………………………………………………
…………………………………………………………..

19……………………………………………………
…………………………………………………………
…………………………………………………………..

20……………………………………………………
…………………………………………………………
…………………………………………………………..

21………………………………………………………………
………………………………………………………………
………………………………………………………………..

22………………………………………………………………
………………………………………………………………
………………………………………………………………

23………………………………………………………………
………………………………………………………………
……………………………………………………………….....

24………………………………………………………………
………………………………………………………………
……………………………………………………………….....

25………………………………………………………………
………………………………………………………………
………………………………………………………………..

26………………………………………………………………
………………………………………………………………
………………………………………………………………

27………………………………………………………………
………………………………………………………………
………………………………………………………………….

28. ....
   ....
   ....

29. ....
   ....
   ....

30. ....
   ....
   ....

31. ....
   ....
   ....

♥

Notizen..
....
....
....
....
....

Februar

1..
....
....

2..
....
....

3..
....
....

4..
....
....

5..
....
....

6..
....
....

7……………………………………………………
…………………………………………………….
…………………………………………………….

8……………………………………………………
…………………………………………………….
…………………………………………………….

9……………………………………………………
…………………………………………………….
…………………………………………………….

10…………………………………………………
…………………………………………………….
…………………………………………………….

11…………………………………………………
…………………………………………………….
…………………………………………………….

12…………………………………………………
…………………………………………………….
…………………………………………………….

13…………………………………………………
…………………………………………………….
…………………………………………………….

14. ....
....
....

15. ....
....
....

16. ....
....
....

17. ....
....
....

18. ....
....
....

19. ....
....
....

20. ....
....
....

21…………………………………………………
…………………………………………………
…………………………………………………..

22…………………………………………………
…………………………………………………
…………………………………………………

23…………………………………………………
…………………………………………………
…………………………………………………...

24…………………………………………………
…………………………………………………
…………………………………………………...

25…………………………………………………
…………………………………………………
…………………………………………………..

26…………………………………………………
…………………………………………………
…………………………………………………

27…………………………………………………
…………………………………………………
…………………………………………………....

28. ....
....
....

29. ....
....
....

♥

𝒩otizen..
....
....
....
....
....
....
....
....
....
....

März

1. ....
   ....
   ....

2. ....
   ....
   ....

3. ....
   ....
   ....

4. ....
   ....
   ....

5. ....
   ....
   ....

6. ....
   ....
   ....

7...
....
....

8...
....
....

9...
....
....

10..
....
....

11..
....
....

12..
....
....

13..
....
....

14………………………………………
………………………………………
………………………………………
15………………………………………
………………………………………
………………………………………
16………………………………………
………………………………………
…………………………………………..
17………………………………………
………………………………………
…………………………………………..
18………………………………………
………………………………………
…………………………………………..
19………………………………………
………………………………………
………………………………………..
20………………………………………
………………………………………
…………………………………………..

21……………………………………………………………
…………………………………………………………………
…………………………………………………………………..

22……………………………………………………………
…………………………………………………………………
…………………………………………………………………

23……………………………………………………………
…………………………………………………………………
……………………………………………………………………

24……………………………………………………………
…………………………………………………………………
………………………………………………………………….....

25……………………………………………………………
…………………………………………………………………
………………………………………………………………….

26……………………………………………………………
…………………………………………………………………
…………………………………………………………………

27……………………………………………………………
…………………………………………………………………
…………………………………………………………………….

28……………………………………………………
…………………………………………………………
…………………………………………………………

29……………………………………………………
…………………………………………………………
…………………………………………………………

30……………………………………………………
…………………………………………………………
…………………………………………………………

31……………………………………………………
…………………………………………………………
…………………………………………………………

♥

Notizen……………………………………………
…………………………………………………………
…………………………………………………………
…………………………………………………………
…………………………………………………………
…………………………………………………………

April

1. ....
   ....
   ....

2. ....
   ....
   ....

3. ....
   ....
   ....

4. ....
   ....
   ....

5. ....
   ....
   ....

6. ....
   ....
   ....

7. ....
....
....

8. ....
....
....

9. ....
....
....

10. ....
....
....

11. ....
....
....

12. ....
....
....

13. ....
....
....

14. ………………………………………………
………………………………………………
………………………………………………

15. ………………………………………………
………………………………………………
………………………………………………

16. ………………………………………………
………………………………………………
………………………………………………

17. ………………………………………………
………………………………………………
………………………………………………

18. ………………………………………………
………………………………………………
………………………………………………

19. ………………………………………………
………………………………………………
………………………………………………

20. ………………………………………………
………………………………………………
………………………………………………

21. ...
22. ...
23. ...
24. ...
25. ...
26. ...
27. ...

28..
....
....

29..
....
....

30..
....
....

♥

𝒩otizen..
....
....
....
....
....
....
....

Mai

1. ....
....
....

2. ....
....
....

3. ....
....
....

4. ....
....
....

5. ....
....
....

6. ....
....
....

7. ....
....
....

8. ....
....
....

9. ....
....
....

10. ....
....
....

11. ....
....
....

12. ....
....
....

13. ....
....
....

14…………………………………………………
…………………………………………………
………………………………………………….

15…………………………………………………
…………………………………………………
………………………………………………….

16…………………………………………………
…………………………………………………
…………………………………………………..

17…………………………………………………
…………………………………………………
…………………………………………………..

18…………………………………………………
…………………………………………………
…………………………………………………..

19…………………………………………………
…………………………………………………
…………………………………………………..

20…………………………………………………
…………………………………………………
…………………………………………………..

21……………………………………………………
…………………………………………………………
………………………………………………………..

22……………………………………………………
…………………………………………………………
…………………………………………………………

23……………………………………………………
…………………………………………………………
………………………………………………………...

24……………………………………………………
…………………………………………………………
………………………………………………………...

25……………………………………………………
…………………………………………………………
………………………………………………………..

26……………………………………………………
…………………………………………………………
…………………………………………………………

27……………………………………………………
…………………………………………………………
………………………………………………………...

28..
....
....

29..
....
....

30..
....
....

31..
....
....

♥

Notizen..
....
....
....
....
....

Juni

1..
....
....

2..
....
....

3..
....
....

4..
....
....

5..
....
....

6..
....
....

7……………………………………………………………
…………………………………………………………………
…………………………………………………………………..

8……………………………………………………………
…………………………………………………………………
…………………………………………………………………

9……………………………………………………………
…………………………………………………………………
…………………………………………………………………

10……………………………………………………………
…………………………………………………………………
…………………………………………………………………

11……………………………………………………………
…………………………………………………………………
…………………………………………………………………

12……………………………………………………………
…………………………………………………………………
…………………………………………………………………

13……………………………………………………………
…………………………………………………………………
…………………………………………………………………

14. ....
....
....

15. ....
....
....

16. ....
....
....

17. ....
....
....

18. ....
....
....

19. ....
....
....

20. ....
....
....

21………………………………………………………
…………………………………………………………
…………………………………………………………..

22………………………………………………………
…………………………………………………………
…………………………………………………………

23………………………………………………………
…………………………………………………………
…………………………………………………………..

24………………………………………………………
…………………………………………………………
…………………………………………………………..

25………………………………………………………
…………………………………………………………
………………………………………………………….

26………………………………………………………
…………………………………………………………
…………………………………………………………

27………………………………………………………
…………………………………………………………
…………………………………………………………..

28. ....
....
....

29. ....
....
....

30. ....
....
....

♥

Notizen..
....
....
....
....
....
....

Juli

1. ……………………………………………………
……………………………………………………
……………………………………………………

2. ……………………………………………………
……………………………………………………
……………………………………………………

3. ……………………………………………………
……………………………………………………
……………………………………………………

4. ……………………………………………………
……………………………………………………
……………………………………………………

5. ……………………………………………………
……………………………………………………
……………………………………………………

6. ……………………………………………………
……………………………………………………
……………………………………………………

7………………………………………………………
…………………………………………………………
…………………………………………………………..

8………………………………………………………
…………………………………………………………
…………………………………………………………

9………………………………………………………
…………………………………………………………
…………………………………………………………

10……………………………………………………
…………………………………………………………
…………………………………………………………

11……………………………………………………
…………………………………………………………
…………………………………………………………

12……………………………………………………
…………………………………………………………
…………………………………………………………

13……………………………………………………
…………………………………………………………
…………………………………………………………

14. ...

15. ...

16. ...

17. ...

18. ...

19. ...

20. ...

21……………………………………………………
…………………………………………………………
…………………………………………………………

22……………………………………………………
…………………………………………………………
…………………………………………………………

23……………………………………………………
…………………………………………………………
…………………………………………………………

24……………………………………………………
…………………………………………………………
…………………………………………………………

25……………………………………………………
…………………………………………………………
…………………………………………………………

26……………………………………………………
…………………………………………………………
…………………………………………………………

27……………………………………………………
…………………………………………………………
…………………………………………………………

28..
....
....

29..
....
....

30..
....
....

31..
....
....

♥

𝒩otizen..
....
....
....
....
....

August

1..
....
....
2..
....
....
3..
....
....
4..
....
....
5..
....
....
6..
....
....

7. ....
....
....

8. ....
....
....

9. ....
....
....

10. ....
....
....

11. ....
....
....

12. ....
....
....

13. ....
....
....

14……………………………………………
……………………………………………………
……………………………………………………

15……………………………………………
……………………………………………………
……………………………………………………

16……………………………………………
……………………………………………………
……………………………………………………

17……………………………………………
……………………………………………………
……………………………………………………

18……………………………………………
……………………………………………………
……………………………………………………

19……………………………………………
……………………………………………………
……………………………………………………

20……………………………………………
……………………………………………………
……………………………………………………

21………………………………………………
…………………………………………………
………………………………………………..
22………………………………………………
…………………………………………………
…………………………………………………
23………………………………………………
…………………………………………………
………………………………………………...
24………………………………………………
…………………………………………………
………………………………………………...
25………………………………………………
…………………………………………………
………………………………………………..
26………………………………………………
…………………………………………………
…………………………………………………
27………………………………………………
…………………………………………………
………………………………………………...

28..
....
....

29..
....
....

30..
....
....

31..
....
....

♥

𝒩otizen..
....
....
....
....
....

September

1. ....
   ....
   ....

2. ....
   ....
   ....

3. ....
   ....
   ....

4. ....
   ....
   ....

5. ....
   ....
   ....

6. ....
   ....
   ....

7. ………………………………………………………………
………………………………………………………………
………………………………………………………………

8. ………………………………………………………………
………………………………………………………………
………………………………………………………………

9. ………………………………………………………………
………………………………………………………………
………………………………………………………………

10. ………………………………………………………………
………………………………………………………………
………………………………………………………………

11. ………………………………………………………………
………………………………………………………………
………………………………………………………………

12. ………………………………………………………………
………………………………………………………………
………………………………………………………………

13. ………………………………………………………………
………………………………………………………………
………………………………………………………………

14……………………………………………………
………………………………………………………
………………………………………………………

15……………………………………………………
………………………………………………………
………………………………………………………

16……………………………………………………
………………………………………………………
………………………………………………………

17……………………………………………………
………………………………………………………
………………………………………………………

18……………………………………………………
………………………………………………………
………………………………………………………

19……………………………………………………
………………………………………………………
………………………………………………………

20……………………………………………………
………………………………………………………
………………………………………………………

21……………………………………………………………
…………………………………………………………………
…………………………………………………………………..

22……………………………………………………………
…………………………………………………………………
…………………………………………………………………

23……………………………………………………………
…………………………………………………………………
……………………………………………………………………

24……………………………………………………………
…………………………………………………………………
……………………………………………………………………

25……………………………………………………………
…………………………………………………………………
…………………………………………………………………..

26……………………………………………………………
…………………………………………………………………
…………………………………………………………………

27……………………………………………………………
…………………………………………………………………
……………………………………………………………………

28...
....
....

29...
....
....

30...
....
....

♥

Notizen..
....
....
....
....
....
....
....

Oktober

1. ....
....
....

2. ....
....
....

3. ....
....
....

4. ....
....
....

5. ....
....
....

6. ....
....
....

7. ....
....
....

8. ....
....
....

9. ....
....
....

10. ....
....
....

11. ....
....
....

12. ....
....
....

13. ....
....
....

14…………………………………………………
…………………………………………………
…………………………………………………

15…………………………………………………
…………………………………………………
…………………………………………………

16…………………………………………………
…………………………………………………
…………………………………………………

17…………………………………………………
…………………………………………………
…………………………………………………

18…………………………………………………
…………………………………………………
…………………………………………………

19…………………………………………………
…………………………………………………
…………………………………………………

20…………………………………………………
…………………………………………………
…………………………………………………

21………………………………………………
…………………………………………………
………………………………………………….

22………………………………………………
…………………………………………………
………………………………………………..

23………………………………………………
…………………………………………………
……………………………………………………..

24………………………………………………
…………………………………………………
……………………………………………………..

25………………………………………………
…………………………………………………
………………………………………………….

26………………………………………………
…………………………………………………
………………………………………………..

27………………………………………………
…………………………………………………
……………………………………………………..

28……………………………………………………
…………………………………………………………
…………………………………………………………..

29……………………………………………………
…………………………………………………………
…………………………………………………………

30……………………………………………………
…………………………………………………………
………………………………………………………….

31……………………………………………………
…………………………………………………………
…………………………………………………………..

♥

𝒩otizen……………………………………………
…………………………………………………………
…………………………………………………………
…………………………………………………………
…………………………………………………………
…………………………………………………………

November

1..
....
....

2..
....
....

3..
....
....

4..
....
....

5..
....
....

6..
....
....

7…………………………………………………………
…………………………………………………………
…………………………………………………………..

8…………………………………………………………
…………………………………………………………
…………………………………………………………

9…………………………………………………………
…………………………………………………………
…………………………………………………………

10…………………………………………………………
…………………………………………………………
…………………………………………………………

11…………………………………………………………
…………………………………………………………
…………………………………………………………

12…………………………………………………………
…………………………………………………………
…………………………………………………………

13…………………………………………………………
…………………………………………………………
…………………………………………………………

14…………………………………………………
…………………………………………………
…………………………………………………

15…………………………………………………
…………………………………………………
…………………………………………………

16…………………………………………………
…………………………………………………
…………………………………………………..

17…………………………………………………
…………………………………………………
…………………………………………………..

18…………………………………………………
…………………………………………………
…………………………………………………..

19…………………………………………………
…………………………………………………
…………………………………………………..

20…………………………………………………
…………………………………………………
…………………………………………………..

21…………………………………………………………
…………………………………………………………………
………………………………………………………………….

22…………………………………………………………
…………………………………………………………………
…………………………………………………………………

23…………………………………………………………
…………………………………………………………………
……………………………………………………………….....

24…………………………………………………………
…………………………………………………………………
……………………………………………………………….....

25…………………………………………………………
…………………………………………………………………
………………………………………………………………….

26…………………………………………………………
…………………………………………………………………
…………………………………………………………………

27…………………………………………………………
…………………………………………………………………
……………………………………………………………….....

28..
....
....

29..
....
....

30..
....
....

♥

𝒩otizen..
....
....
....
....
....
....
....

Dezember

1..
....
....

2..
....
....

3..
....
....

4..
....
....

5..
....
....

6..
....
....

7……………………………………………………
…………………………………………………
…………………………………………………..

8……………………………………………………
…………………………………………………
…………………………………………………

9……………………………………………………
…………………………………………………
…………………………………………………

10…………………………………………………
…………………………………………………
…………………………………………………

11…………………………………………………
…………………………………………………
…………………………………………………

12…………………………………………………
…………………………………………………
…………………………………………………

13…………………………………………………
…………………………………………………
…………………………………………………

14…………………………………………………………
…………………………………………………………………
…………………………………………………………………

15…………………………………………………………
…………………………………………………………………
…………………………………………………………………

16…………………………………………………………
…………………………………………………………………
……………………………………………………………………

17…………………………………………………………
…………………………………………………………………
……………………………………………………………………

18…………………………………………………………
…………………………………………………………………
……………………………………………………………………

19…………………………………………………………
…………………………………………………………………
……………………………………………………………………

20…………………………………………………………
…………………………………………………………………
……………………………………………………………………

21…………………………………………………
…………………………………………………
………………………………………………….

22…………………………………………………
…………………………………………………
…………………………………………………

23…………………………………………………
…………………………………………………
…………………………………………………..

24…………………………………………………
…………………………………………………
…………………………………………………..

25…………………………………………………
…………………………………………………
………………………………………………….

26…………………………………………………
…………………………………………………
…………………………………………………

27…………………………………………………
…………………………………………………
…………………………………………………..

28……………………………………………………
……………………………………………………
……………………………………………………

29……………………………………………………
……………………………………………………
……………………………………………………

30……………………………………………………
……………………………………………………
……………………………………………………

31……………………………………………………
……………………………………………………
……………………………………………………

♥

Notizen……………………………………………
……………………………………………………
……………………………………………………
……………………………………………………